Step 3 100까지의 수 스티커 ①

17쪽

19쪽

5 12 23 30 44
57 66 78 89 95

25쪽

48 63
17 75
25 49
34 82
56 41

27쪽

2 4 6 8 10
12 14 16 18 20
22 24 26 28 30
32 34 36 38 40
42 44

29쪽

5 10 15 20 25 30 35 40
60 65 70 75 80

Step 3 · 100까지의 수 스티커 ②

Step 3 8~9세용

100까지의 수

차례

1~10 확인하기	2
10까지의 순서수	4
11~20 확인하기	6
20까지의 순서수	8
몇십 알기	10
몇십몇 알기 ❶	12
몇십몇 알기 ❷	14
100까지의 수 알기	16
수의 순서	18
1 큰 수, 1 작은 수	20
큰 수, 작은 수	22
가장 큰, 가장 작은	24
2씩 뛰어 세기	26
5씩 뛰어 세기	28
10씩 뛰어 세기	30

그림 지시문

 선 잇기   따라 쓰기   세기   쓰기

 색칠하기   ○ 하기   그리기   묶기

 말하기   스티커 붙이기   지우기

1~10 확인하기

🔗 관계있는 것끼리 선으로 이어 보세요.

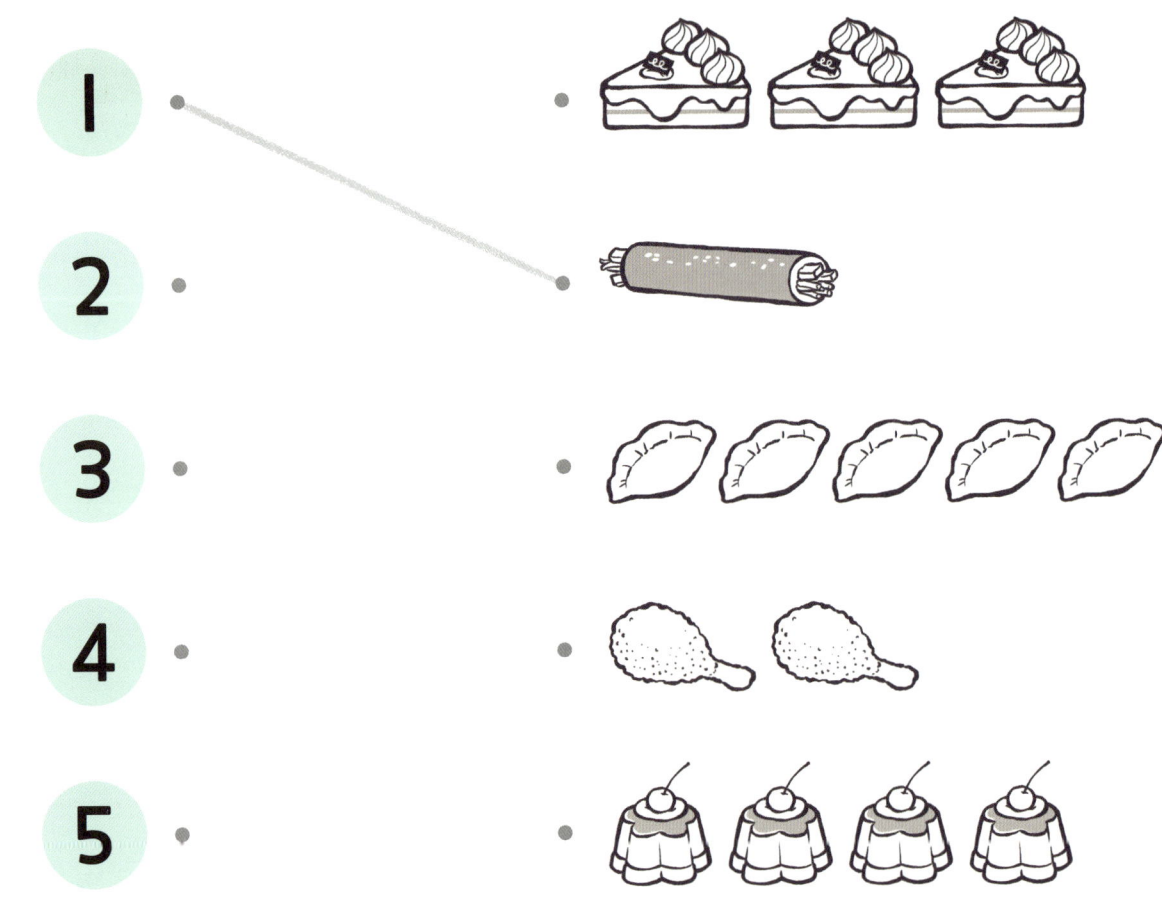

✋ 숫자를 따라 써 보세요.

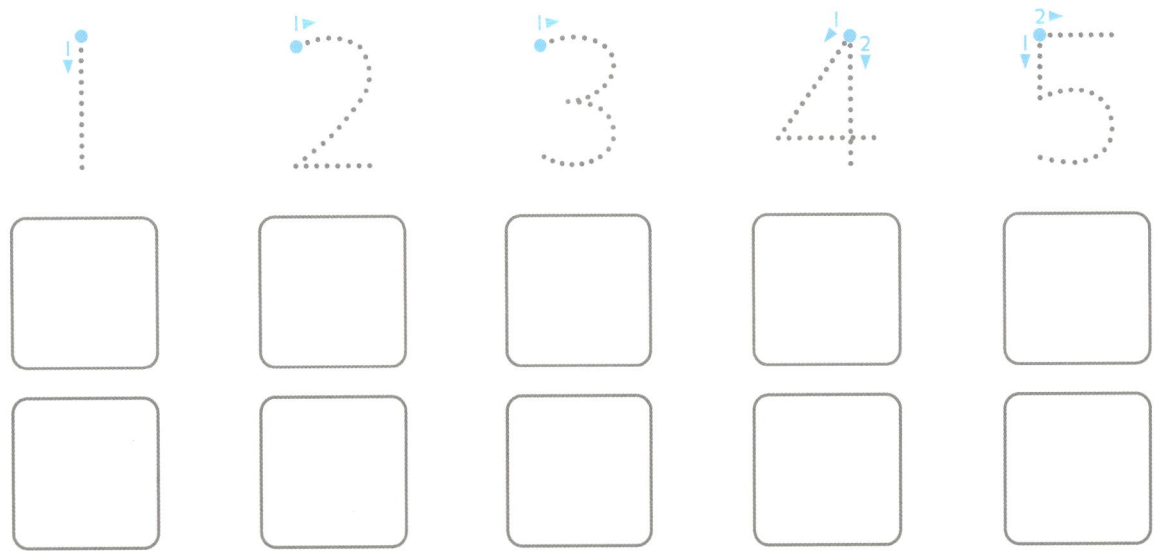

 부엌에 있는 물건의 수를 세어 빈칸에 써 보세요.

이미 센 것은 /로 지우거나 ○ 하여 표시하면 헷갈리지 않아요.

 숫자를 따라 써 보세요.

10까지의 순서수

 셋째 홍학은 노란색 ✏️, 다섯째 홍학은 빨간색 ✏️, 첫째 홍학은 초록색 ✏️, 둘째 홍학은 주황색 ✏️, 넷째 홍학은 파란색 ✏️으로 칠해 보세요.

첫째

첫째, 둘째, 셋째, 넷째, 다섯째를 수로 나타내면 1, 2, 3, 4, 5입니다.

○ 순서에 알맞은 색으로 ○ 하세요.

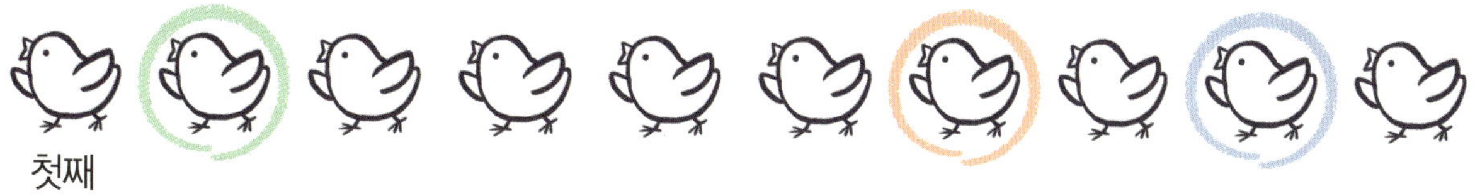

첫째　둘째🖍　　　　　　일곱째🖍　　　　아홉째🖍

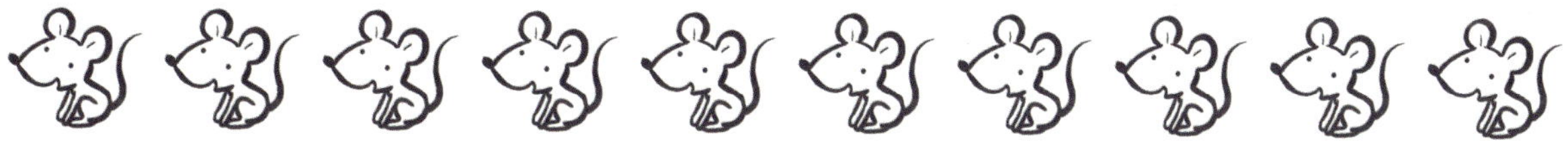

첫째　　　셋째🖍　　넷째🖍　　　여덟째🖍

첫째🖍　　다섯째🖍　　열째🖍　　　첫째

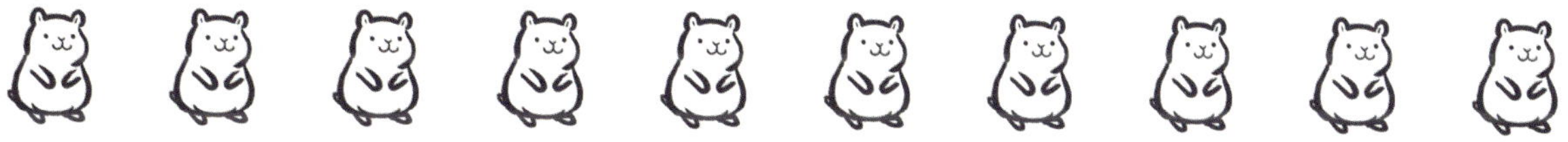

둘째🖍　　여섯째🖍　　일곱째🖍　첫째

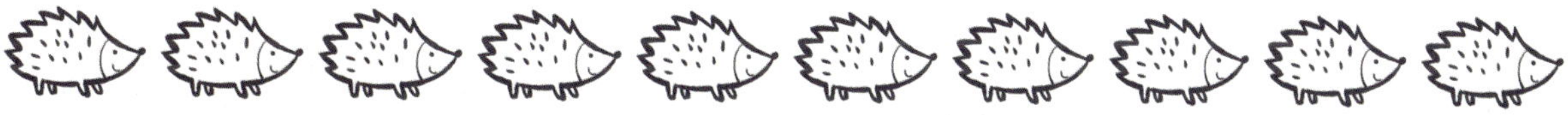

● 관계있는 것끼리 선으로 이어 보세요.

| 셋째 | 다섯째 | 둘째 | 여덟째 | 열째 |

첫째

2　　5　　3　　10　　8

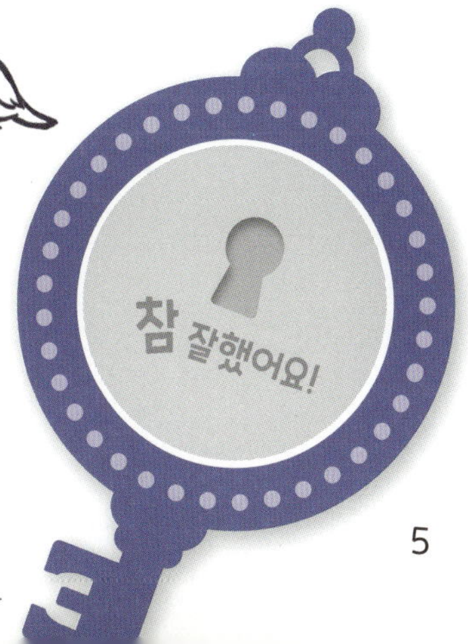

참 잘했어요!

11~20 확인하기

  각각의 수에 맞게 수 모형을 더 그리고, 빈칸에 알맞은 수를 써 보세요.

10 4   10 1   10 2

  14

10 3   10 5

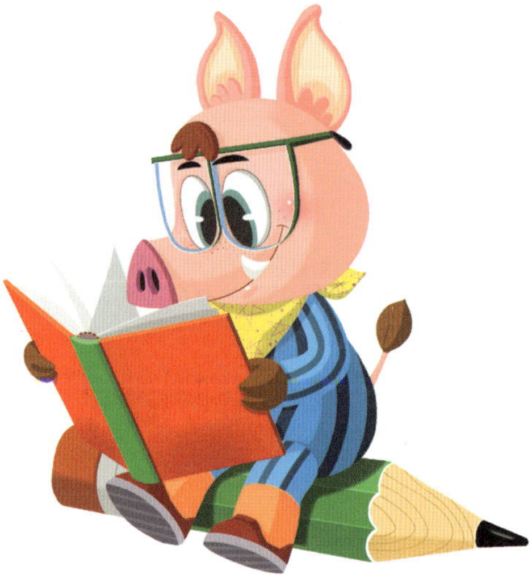

 숫자를 따라 써 보세요.

 부엉이의 수를 세어 빈칸에 써 보세요.

숫자를 따라 써 보세요.

20까지의 순서수

빨간 글자가 나타내는 수로 위치를 알 수 있어요.

 거북이의 순서에 맞게 알맞은 색으로 칠해 보세요.

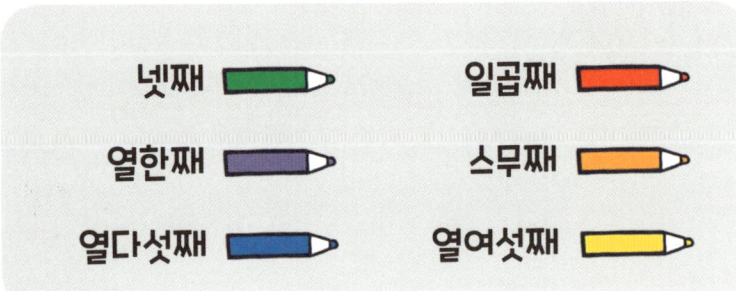

첫째

 셋째 조개에 빨간색을 칠해 보세요.

 다섯째 조개와 열셋째 조개를 선으로 이어 보세요.

 여덟째 조개에 ○ 하세요.

 열여섯째 조개에 빗금을 쳐 보세요.

 열여덟째 조개와 열아홉째 조개를 ◯로 묶어 보세요.

몇십 알기

 수 모형을 세어 알맞게 선으로 이어 보세요.

수 모형	수	읽기
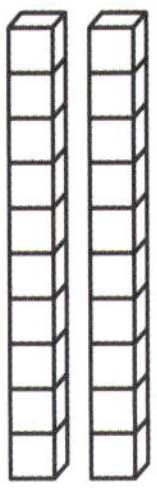 (2개)	20	여든 / 팔십
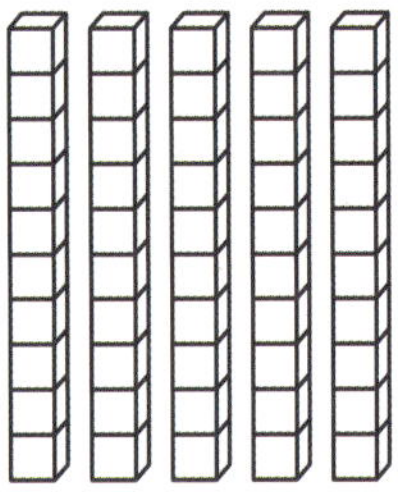 (5개)	80	스물 / 이십
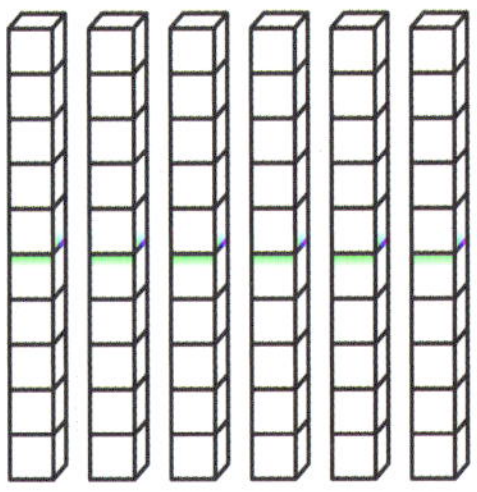 (6개)	50	쉰 / 오십
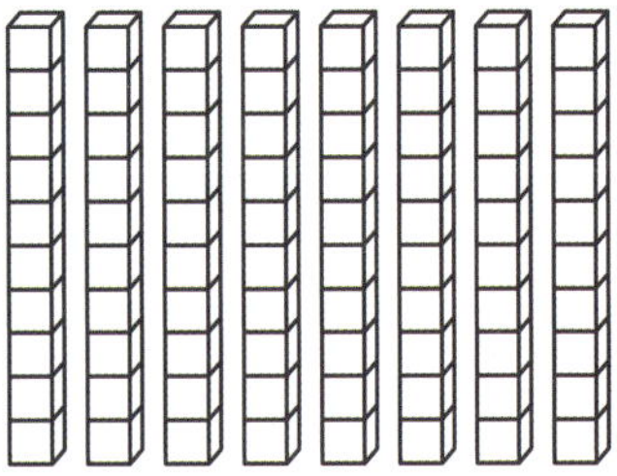 (7개)	60	아흔 / 구십
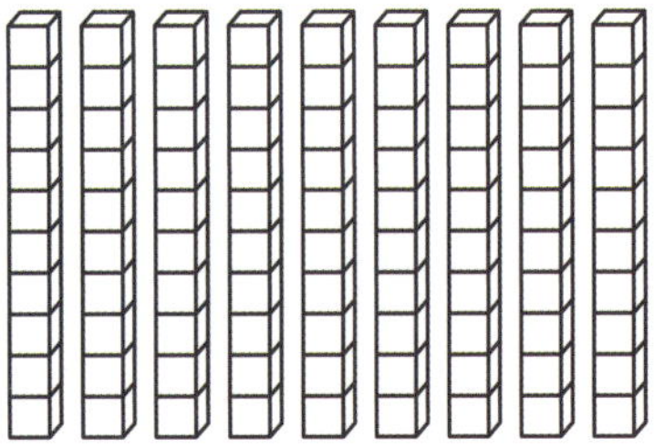 (9개)	90	예순 / 육십

10개씩 묶음의 수를 세어 전체 수를 알아보세요.

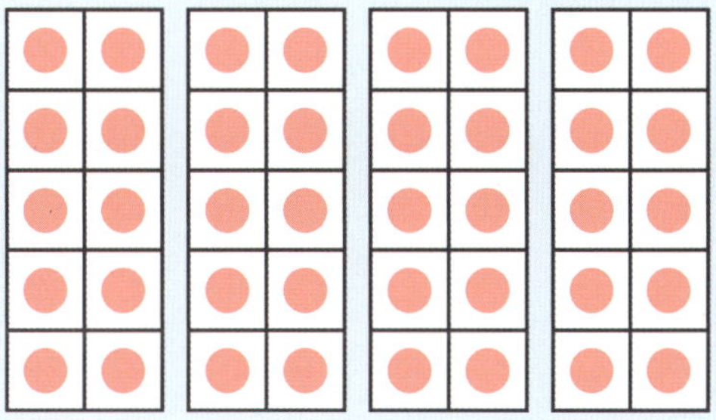

10개씩 4 묶음

40

사십, 마흔

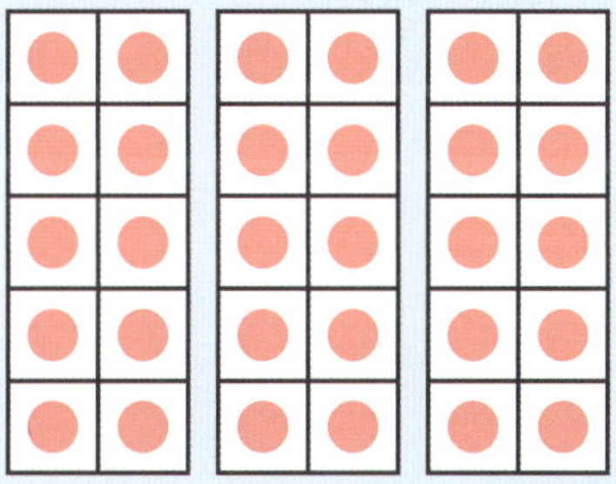

10개씩 ☐ 묶음

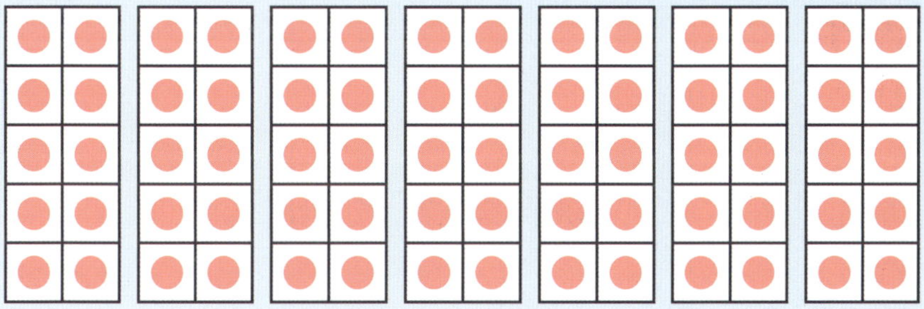

10개씩 ☐ 묶음

10개씩 묶음이
몇 개인지 알면
몇십인지 쉽게 알 수
있지요.

참 잘했어요!

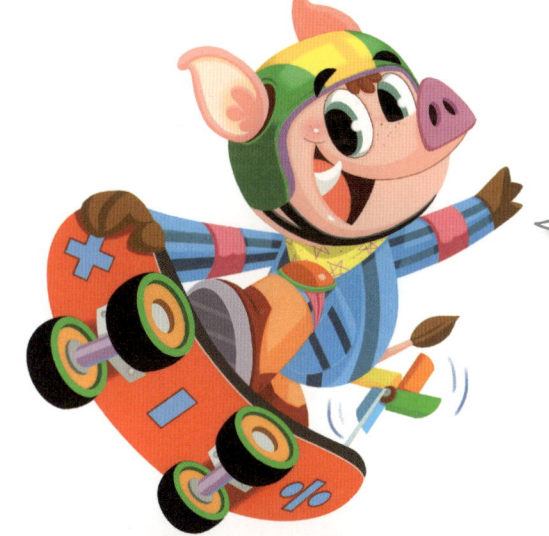

몇십몇 알기 ❶

  10개씩 묶음과 낱개의 수를 세어 얼마인지 쓰고, 읽어 보세요.

> 38은 '삼십팔' 또는 '서른여덟'이라고 읽습니다.

10개씩 묶음	낱개
3	8

읽기

읽기

읽기

읽기

읽기

 10개씩 묶어서 세고, 빈칸에 알맞게 써 보세요.

(그림)	27	이십칠 스물일곱
(그림)		
(그림)		
(그림)		
(그림)		
(그림)		

몇십몇 알기 ❷

  기차 객실의 수를 10칸씩 묶어서 세고, 빈칸에 알맞은 수를 써 보세요.

> 수는 블록, 수 막대 또는 기차 객실 수와 같은 다양한 방법으로 표현할 수 있습니다.

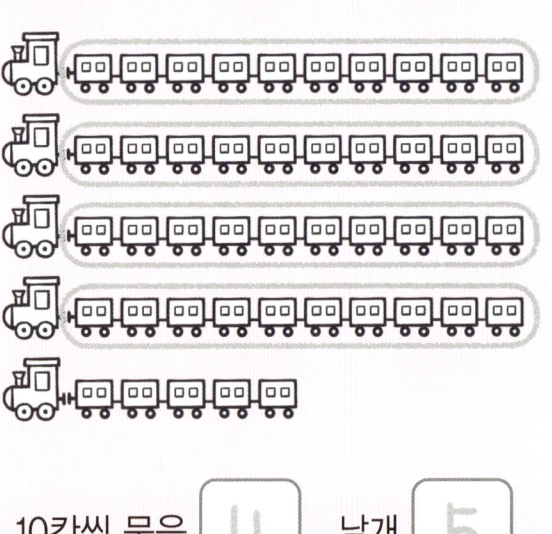

10칸씩 묶음 4 , 낱개 5

→ 45

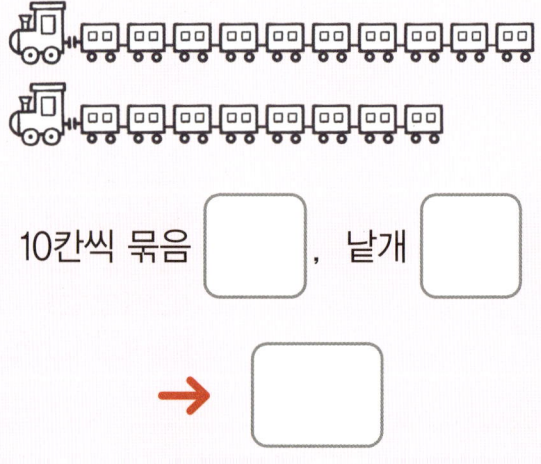

10칸씩 묶음 ☐ , 낱개 ☐

→ ☐

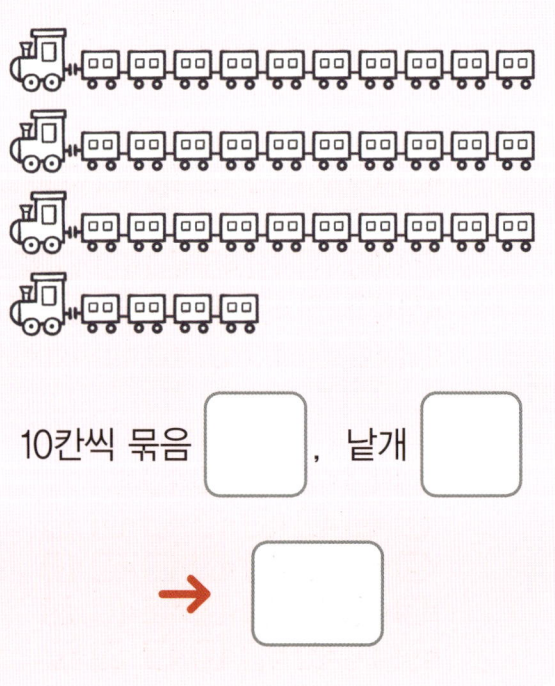

10칸씩 묶음 ☐ , 낱개 ☐

→ ☐

10칸씩 묶음 ☐ , 낱개 ☐

→ ☐

빈칸에 알맞은 수를 써 보세요.

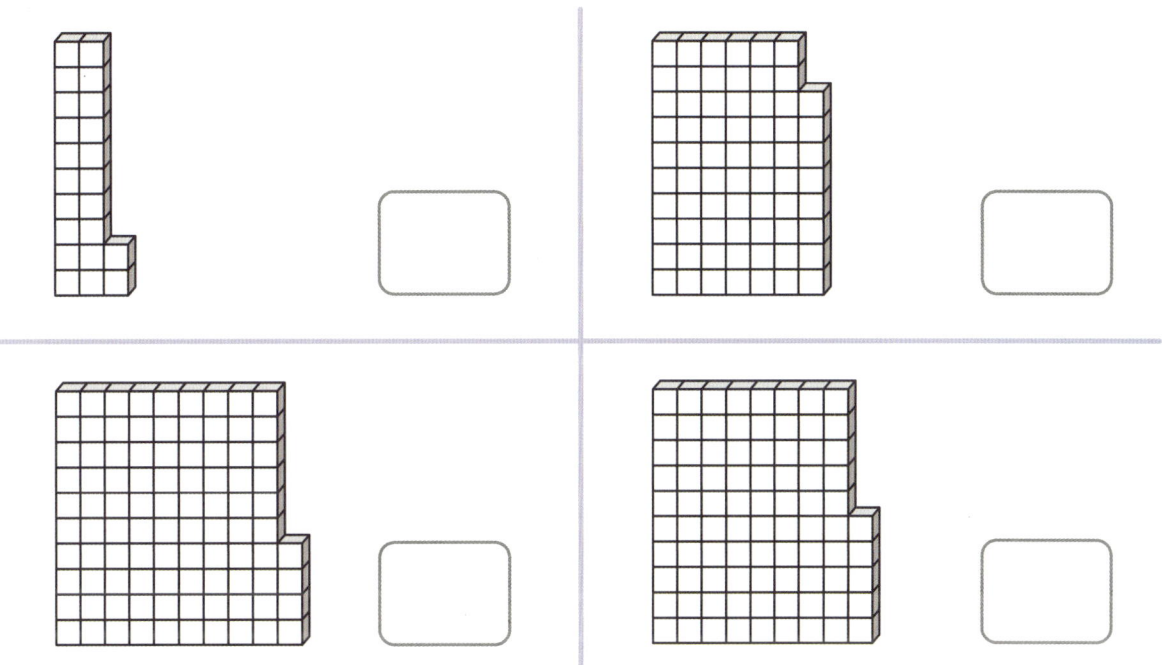

 빈칸에 알맞은 연필의 수를 써 보세요.

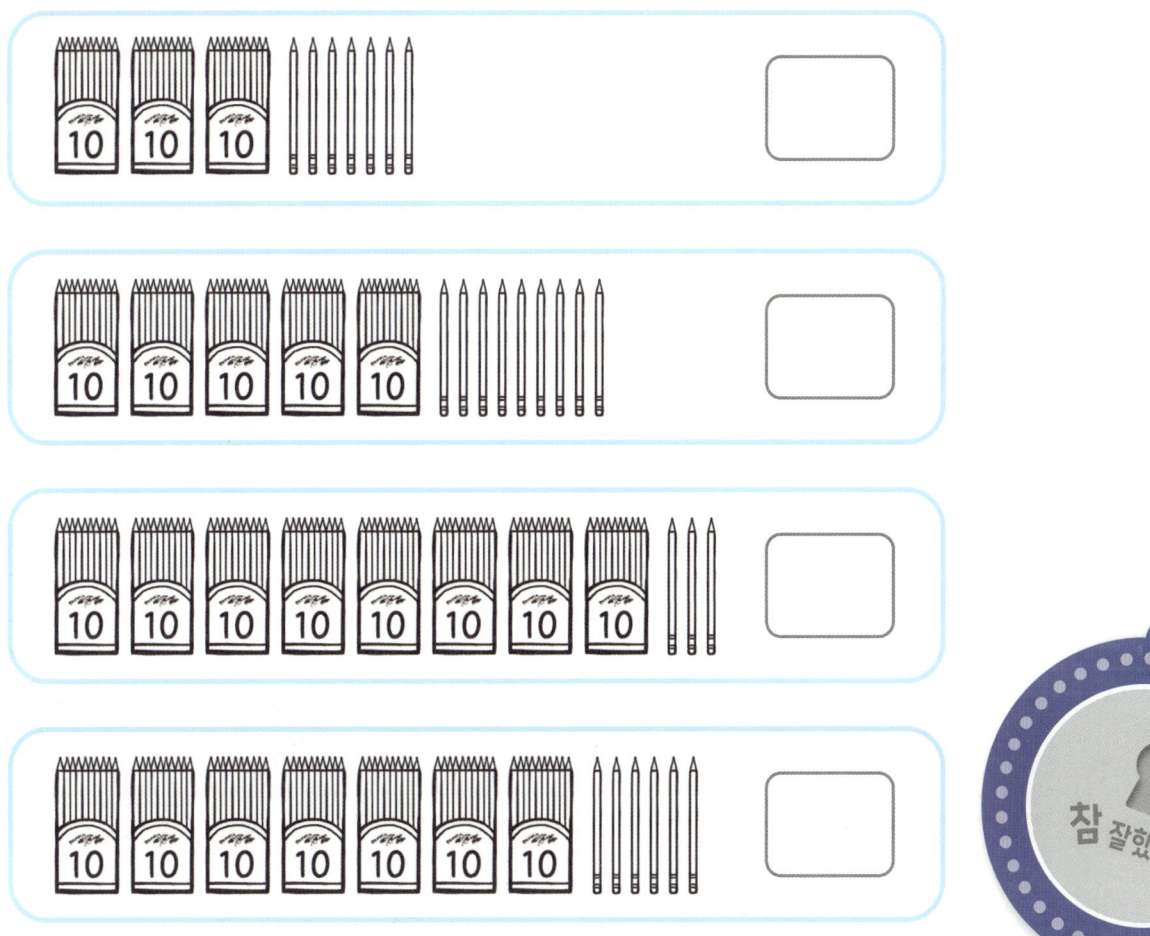

100까지의 수 알기

 빈 곳에 알맞은 수를 써 보세요.

99 다음의 수는 100이고, '백'이라고 읽어요.

1	2	3	4	5				9	10
11	12	13	14	15	16	17	18	19	
21			24	25	26	27	28	29	30
31	32	33		35	36	37	38	39	40
41	42	43	44	45	46	47	48		
	52	53	54	55	56	57	58	59	60
61	62	63	64				68	69	70
71	72	73	74	75	76	77		79	80
	82	83	84	85	86	87	88	89	90
91	92	93			96	97	98	99	

 빈칸에 알맞은 수를 쓰고, 주어진 수의 자리에 알맞은 스티커를 붙여 보세요.

50　67　74　91

수의 순서

수직선에서 빈칸에 알맞은 수를 써 보세요.

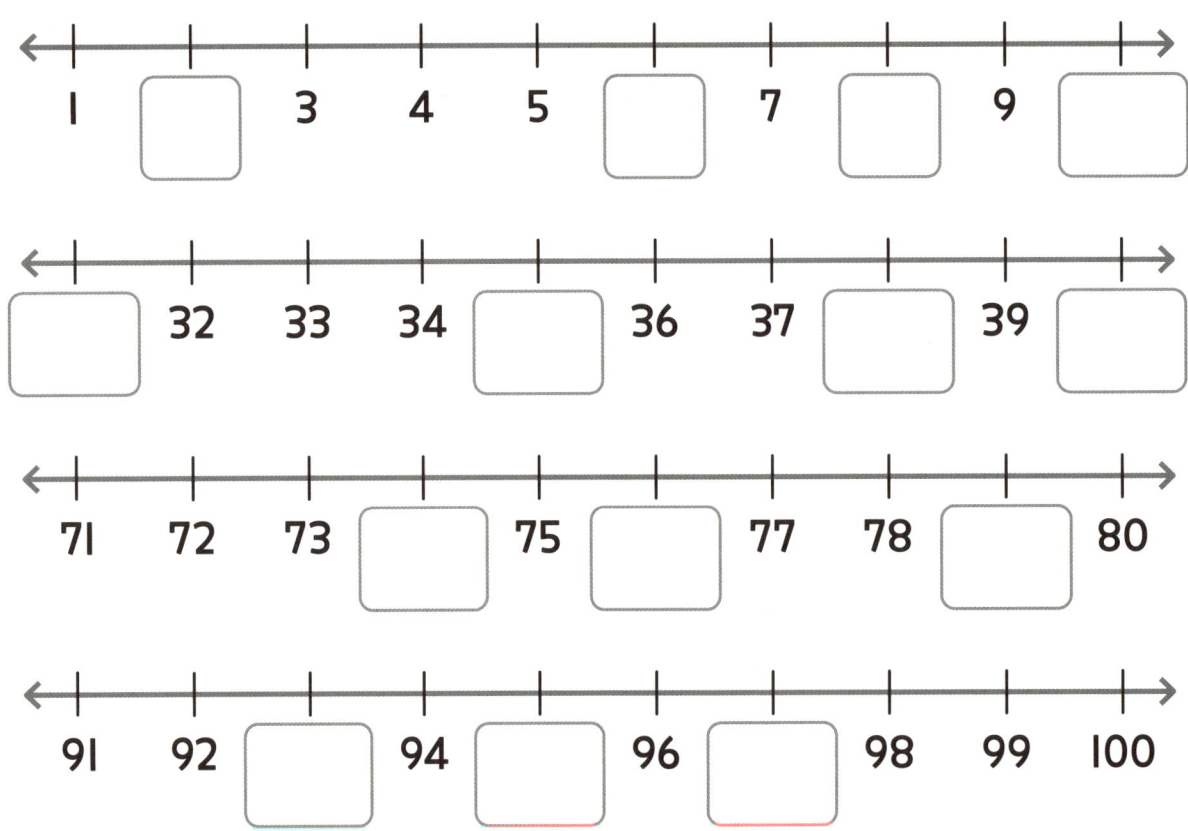

주어진 수를 순서에 알맞게 써 보세요.

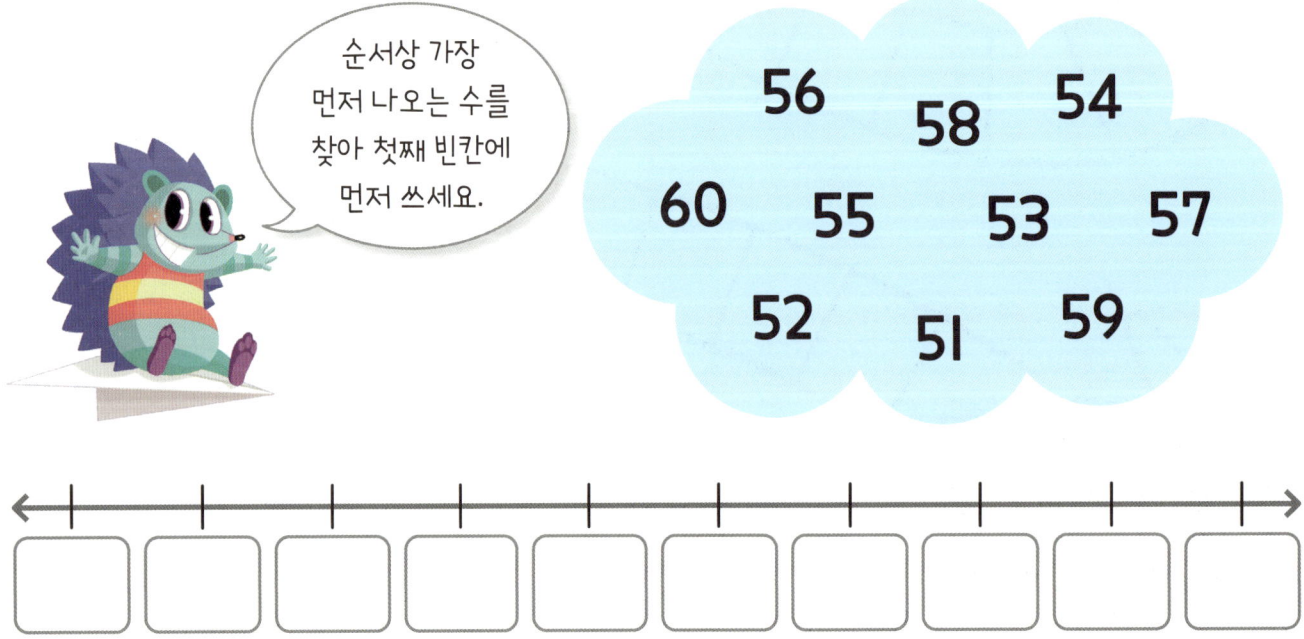

두 수 사이에 알맞은 수 스티커를 붙여 보세요.

1 큰 수, 1 작은 수

 수 모형을 1개 더 그리고, 빈칸에 알맞은 수를 써 보세요.

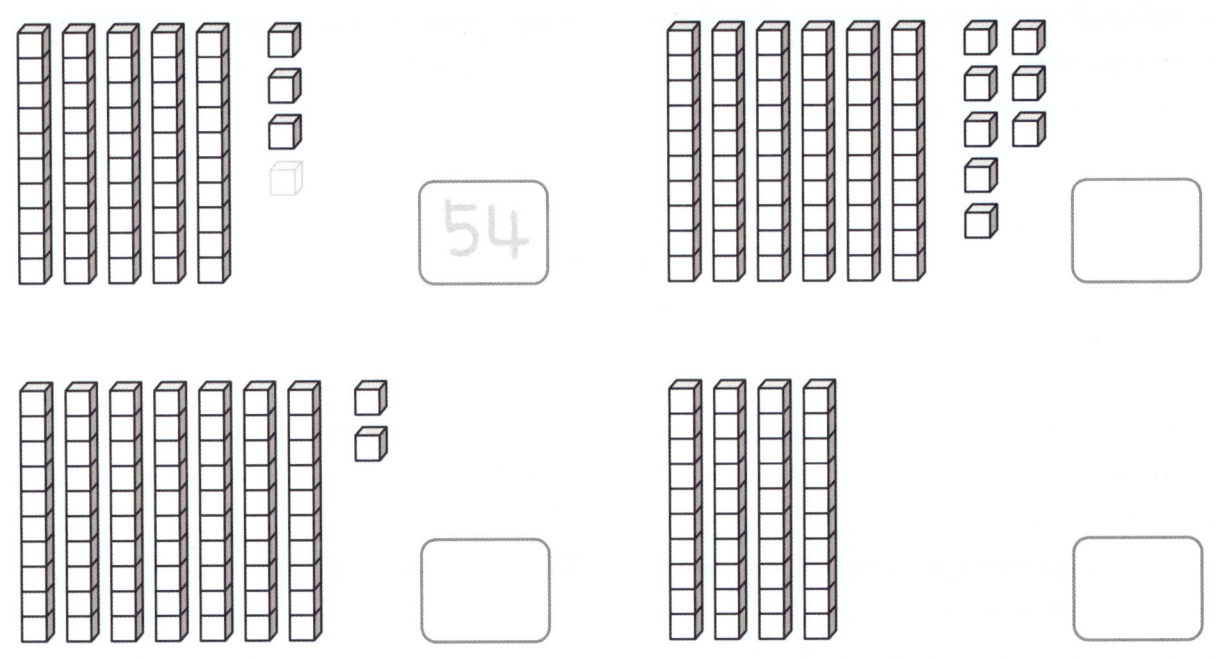

 수 모형을 1개 지우고, 빈칸에 알맞은 수를 써 보세요.

왼쪽에 1 작은 수, 오른쪽에 1 큰 수를 써 보세요.

27 28 29

45

91

68

70

82

34

59

1 작은 수를 찾으려면 거꾸로 세어 보고, 1 큰 수를 찾으려면 앞에서부터 세어 보세요.

참 잘했어요!

큰 수, 작은 수

 두 수의 크기를 비교하여 '크다', '작다'를 쓰고, >, <를 ○ 안에 써 보세요.

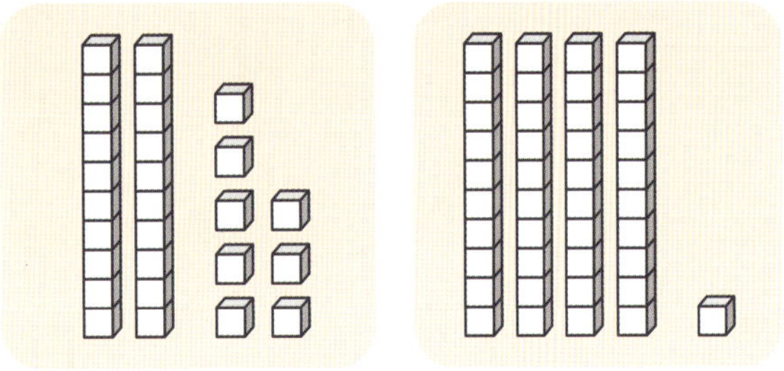

28은 41보다 _____.

28 〈 41

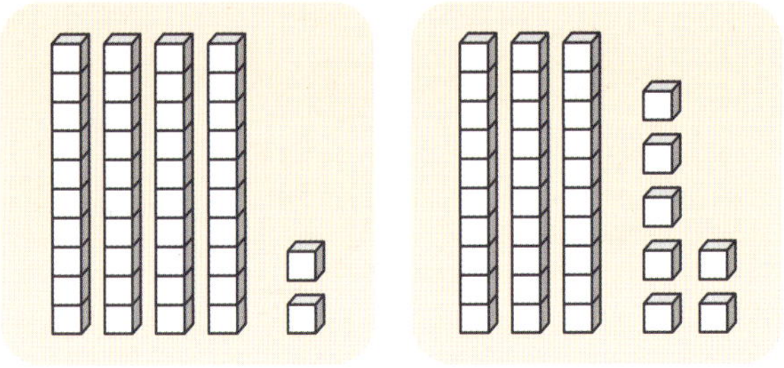

42는 37보다 _____.

42 ○ 37

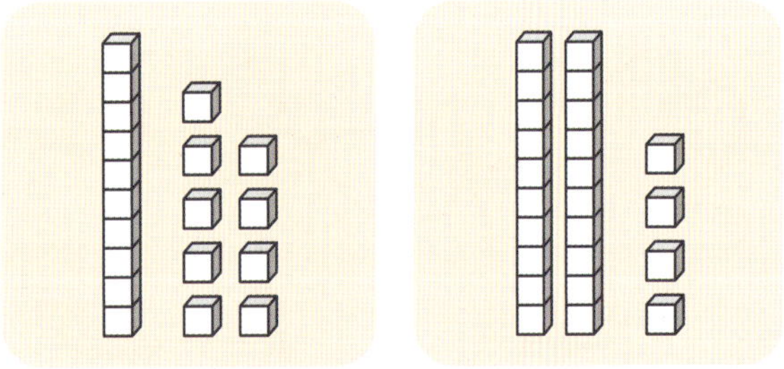

19는 24보다 _____.

19 ○ 24

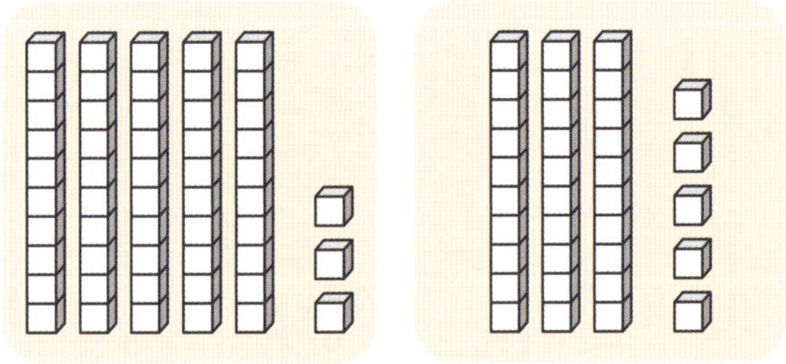

53은 35보다 _____.

53 ○ 35

 두 수의 크기를 비교하여 >, <를 ○ 안에 써 보세요.

25 ○ 51	39 ○ 43
75 ○ 57	64 ○ 40
50 ○ 38	13 ○ 21
46 ○ 62	81 ○ 18

25와 51 중 10개씩 묶음의 수가 어느 쪽이 클까요?

🟠 더 큰 수에 ◯ 하세요.

> 57과 52처럼 10개씩 묶음의 수가 같을 때는 낱개의 수를 비교하면 되겠군.

🟠 더 작은 수에 ◯ 하세요.

가장 큰, 가장 작은

 가장 큰 수와 가장 작은 수를 써 보세요.

	가장 큰 수	가장 작은 수
24 18 31		
59 92 84		
60 45 56		
22 19 27		
81 63 56		
38 30 62		

수를 순서대로 셀 때 가장 앞에 나오는 수가 가장 작은 수입니다.

🟠 가장 큰 수에 ○, 가장 작은 수에 △ 하세요.

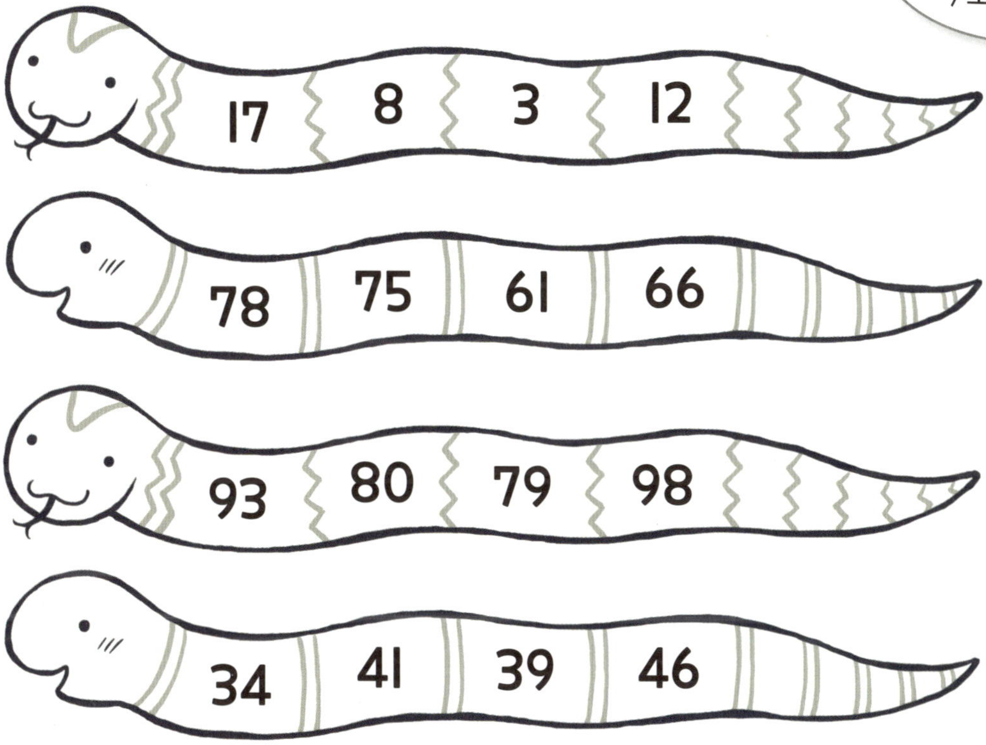

가장 작은 수부터 찾고, 그 다음 작은 수, 그 다음다음 작은 수를 /로 지워 보세요.

17   8   3   12

78   75   61   66

93   80   79   98

34   41   39   46

🟠 가장 작은 수부터 순서대로 스티커를 붙여 보세요.

48   17   25   34   56

63   75   49   82   41

참 잘했어요!

2씩 뛰어 세기

  2에서 시작하여 2칸씩 뛴 수마다 색을 모두 칠하고, 규칙을 말해 보세요.

1	2	3	4	5	6	7	8	9	10
11	12	13	14	15	16	17	18	19	20
21	22	23	24	25	26	27	28	29	30
31	32	33	34	35	36	37	38	39	40
41	42	43	44	45	46	47	48	49	50
51	52	53	54	55	56	57	58	59	60
61	62	63	64	65	66	67	68	69	70
71	72	73	74	75	76	77	78	79	80
81	82	83	84	85	86	87	88	89	90
91	92	93	94	95	96	97	98	99	100

2씩 뛰어 세려면 오른쪽으로 2칸씩 점프합니다.

 빈칸에 알맞은 수를 써 보세요.

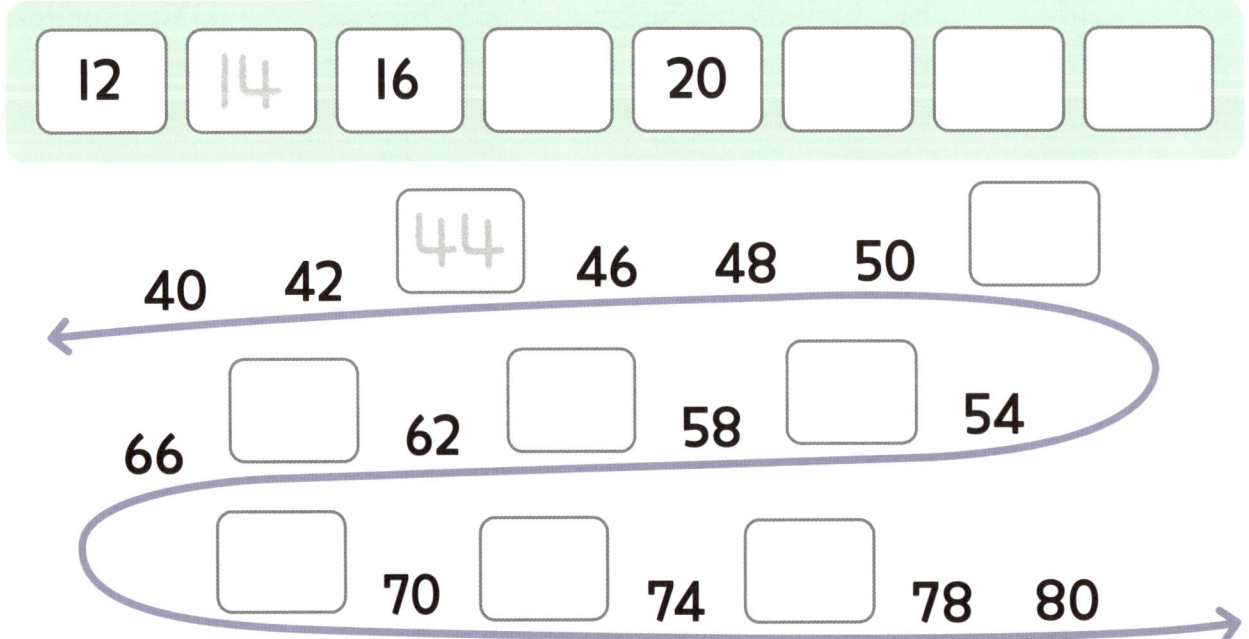

2씩 거꾸로 뛰어서 세어 빈 곳에 알맞은 스티커를 붙여 보세요.

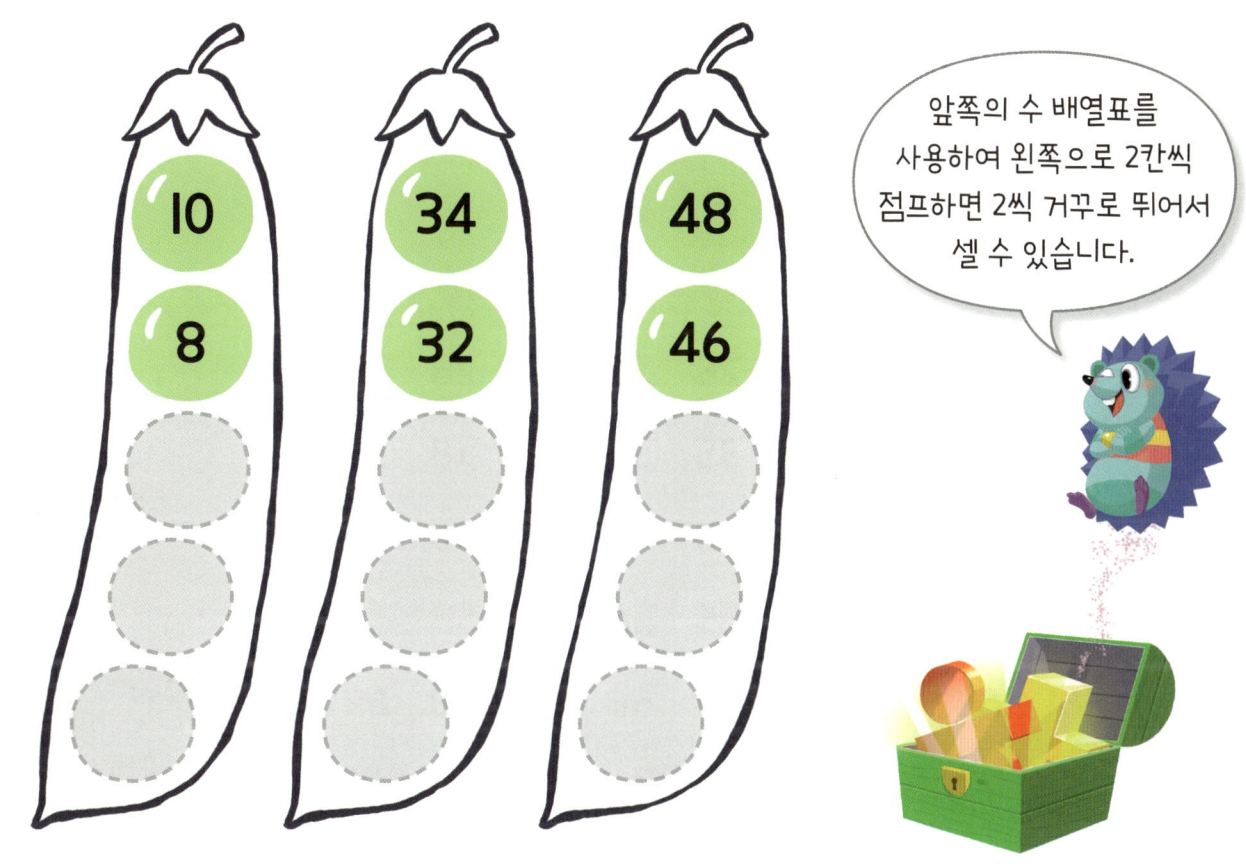

앞쪽의 수 배열표를 사용하여 왼쪽으로 2칸씩 점프하면 2씩 거꾸로 뛰어서 셀 수 있습니다.

 빈 곳에 알맞은 수를 써 보세요.

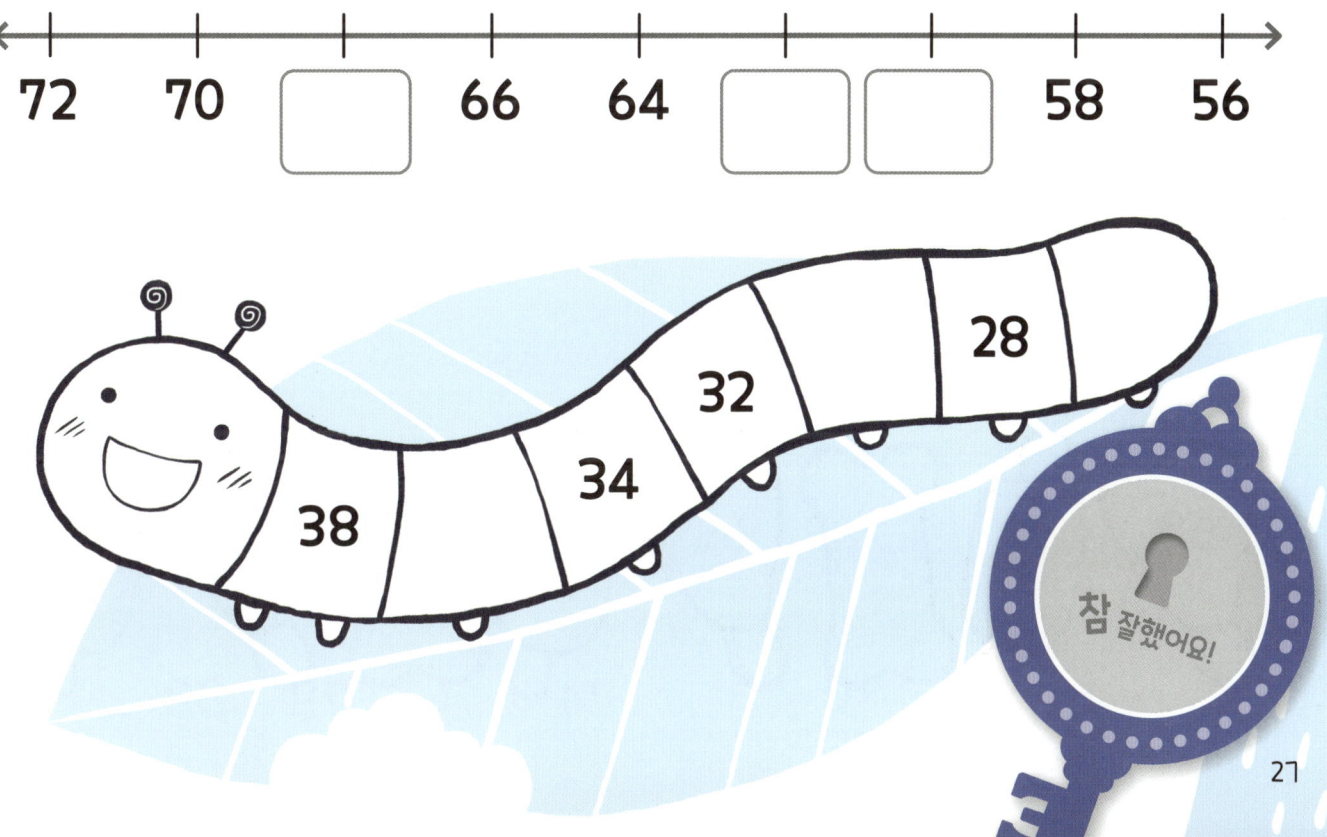

5씩 뛰어 세기

  5에서 시작하여 5칸씩 뛴 수마다 색을 모두 칠하고, 규칙을 말해 보세요.

1	2	3	4	5	6	7	8	9	10
11	12	13	14	15	16	17	18	19	20
21	22	23	24	25	26	27	28	29	30
31	32	33	34	35	36	37	38	39	40
41	42	43	44	45	46	47	48	49	50
51	52	53	54	55	56	57	58	59	60
61	62	63	64	65	66	67	68	69	70
71	72	73	74	75	76	77	78	79	80
81	82	83	84	85	86	87	88	89	90
91	92	93	94	95	96	97	98	99	100

5씩 뛰어 세려면 오른쪽으로 5칸씩 점프합니다.

 빈 곳에 알맞은 수를 써 보세요.

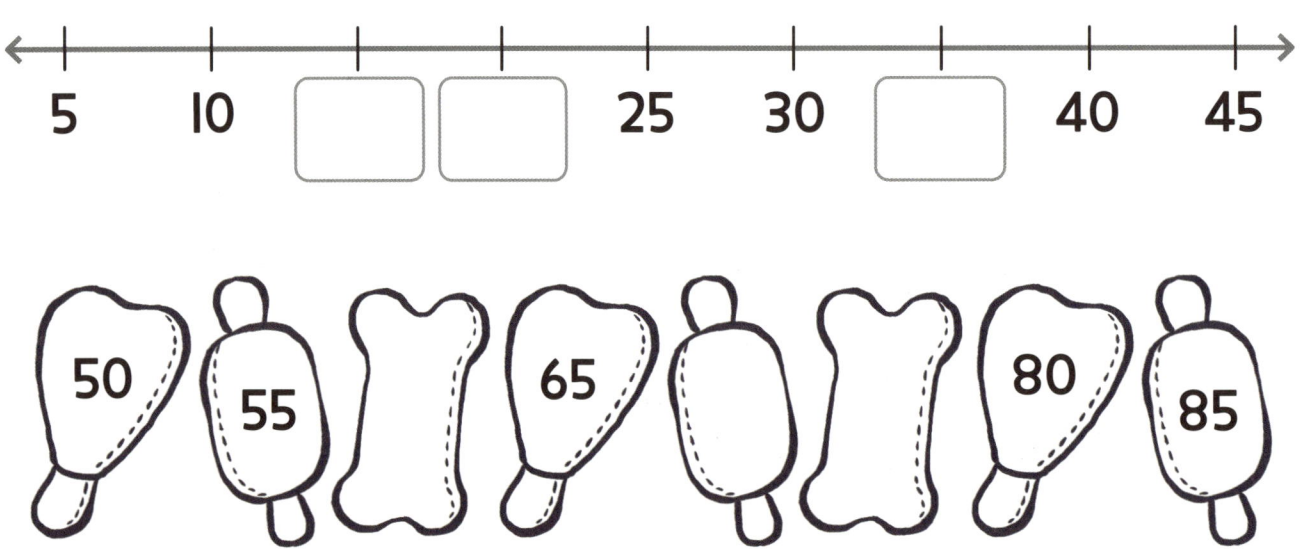

빈 곳에 알맞은 수를 써 보세요.

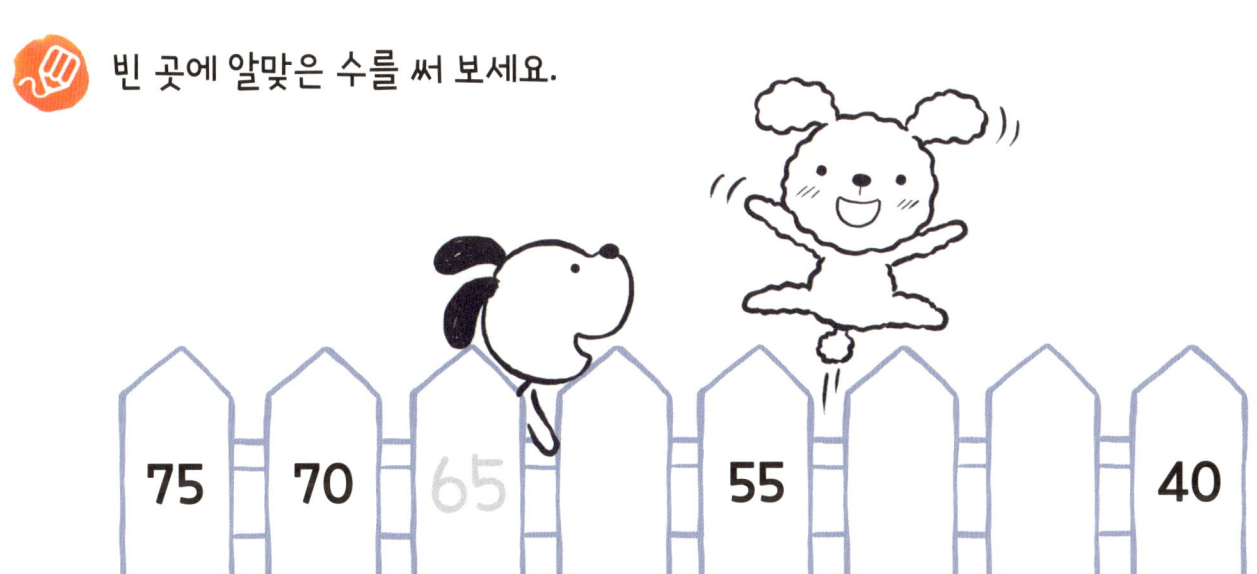

75
70
65
55
40

빈 곳에 알맞은 수 스티커를 붙여 보세요.

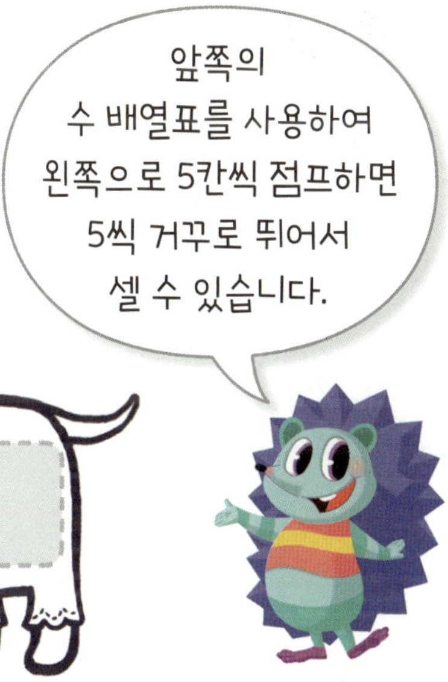
앞쪽의
수 배열표를 사용하여
왼쪽으로 5칸씩 점프하면
5씩 거꾸로 뛰어서
셀 수 있습니다.

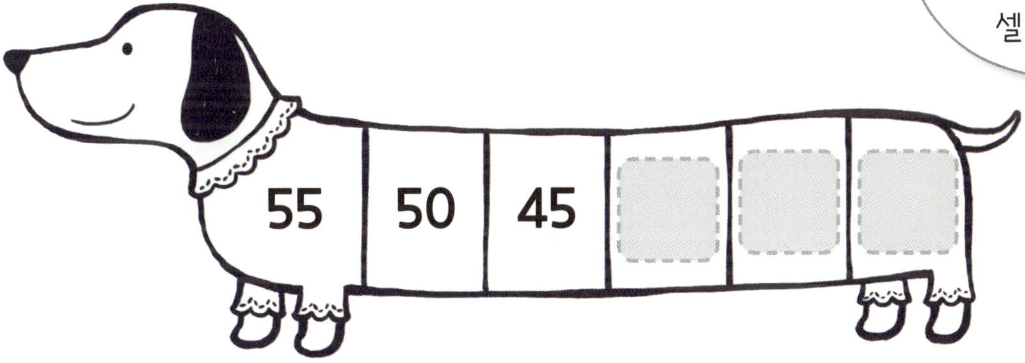
55
50
45

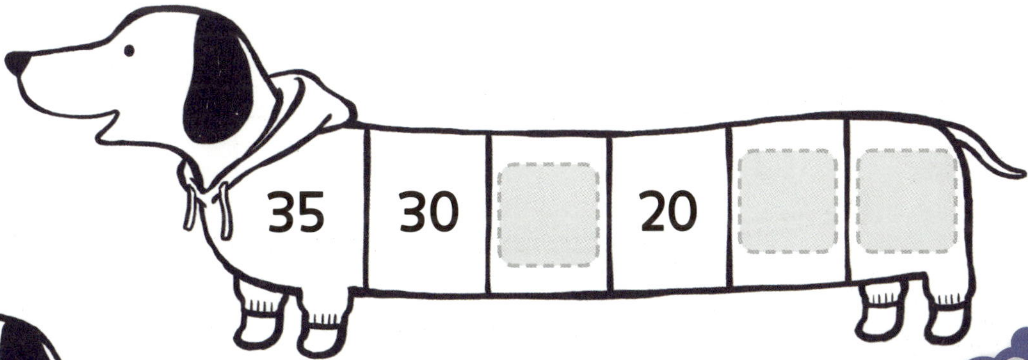
35
30
20

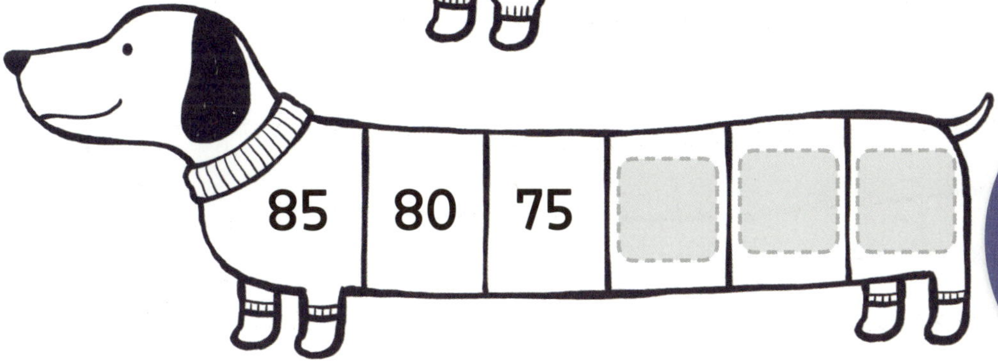
85
80
75

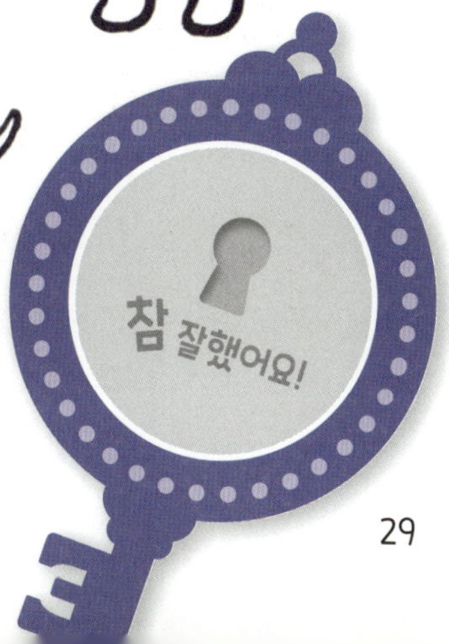
참 잘했어요!

10씩 뛰어 세기

 10에서 시작하여 10칸씩 뛴 수마다 색을 모두 칠하고, 규칙을 말해 보세요.

1	2	3	4	5	6	7	8	9	10
11	12	13	14	15	16	17	18	19	20
21	22	23	24	25	26	27	28	29	30
31	32	33	34	35	36	37	38	39	40
41	42	43	44	45	46	47	48	49	50
51	52	53	54	55	56	57	58	59	60
61	62	63	64	65	66	67	68	69	70
71	72	73	74	75	76	77	78	79	80
81	82	83	84	85	86	87	88	89	90
91	92	93	94	95	96	97	98	99	100

뛰어서 세요!

 10씩 뛰어서 센 수를 써 보세요.

빈칸에 알맞은 수를 써 보세요.

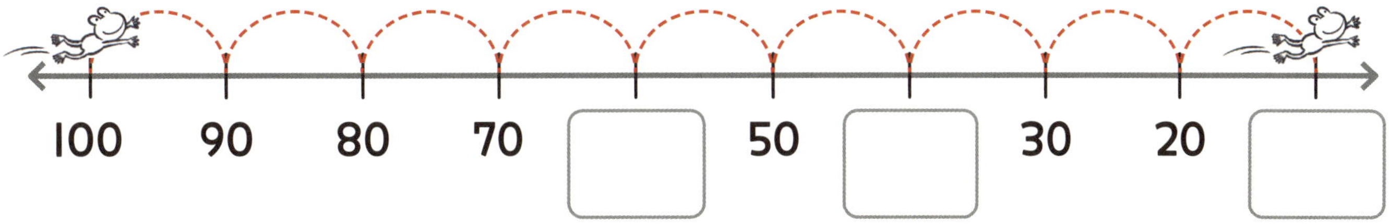

100 90 80 70 ☐ 50 ☐ 30 20 ☐

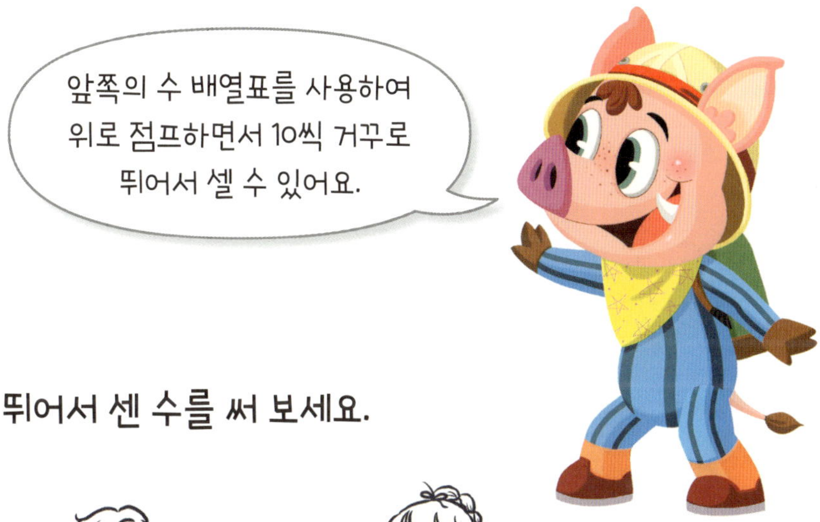

앞쪽의 수 배열표를 사용하여 위로 점프하면서 10씩 거꾸로 뛰어서 셀 수 있어요.

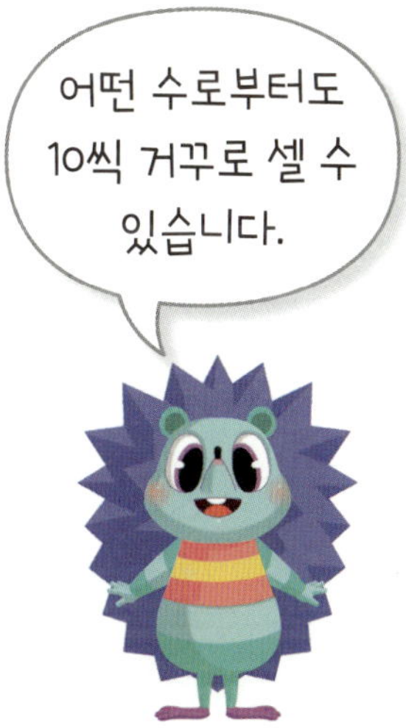

어떤 수로부터도 10씩 거꾸로 셀 수 있습니다.

10씩 거꾸로 뛰어서 센 수를 써 보세요.

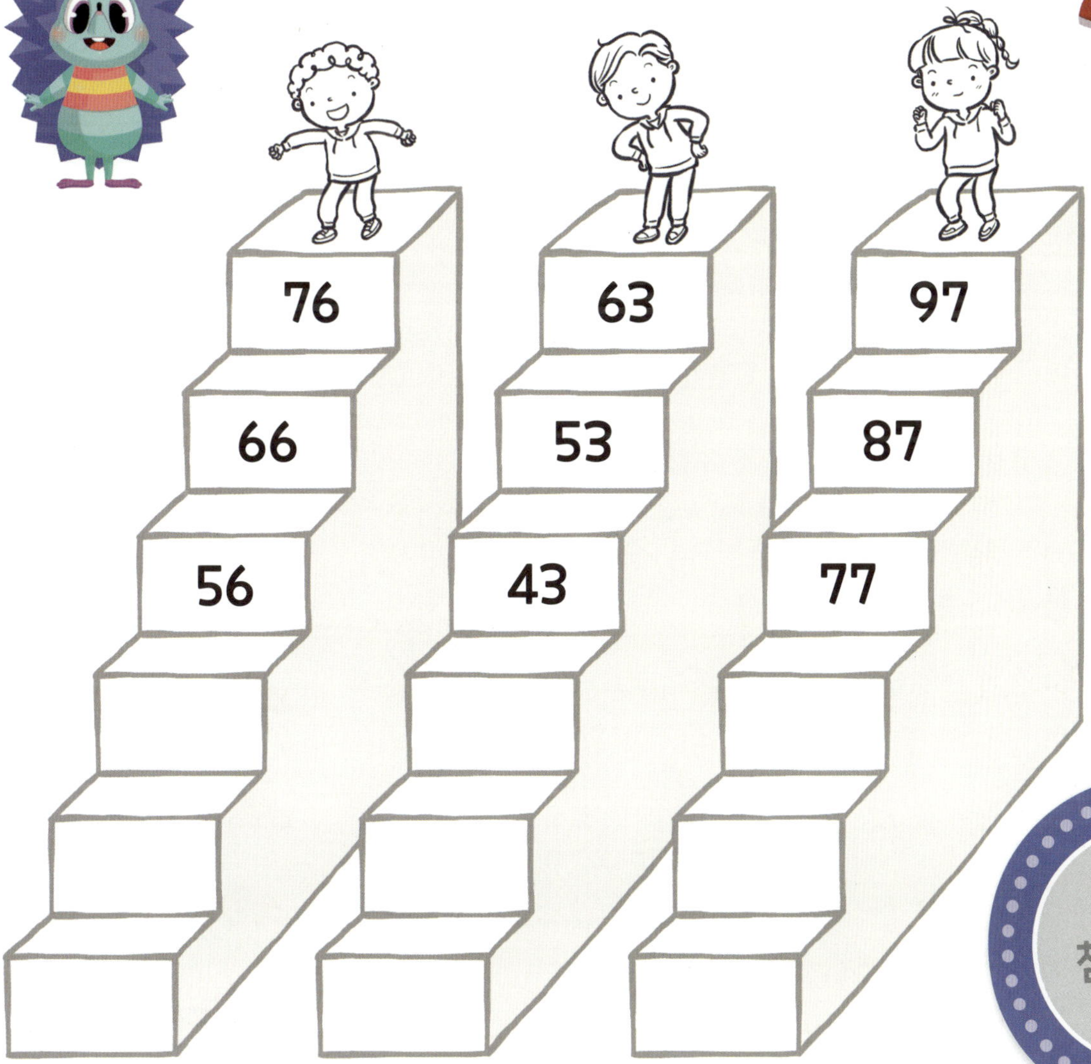

76 / 66 / 56

63 / 53 / 43

97 / 87 / 77

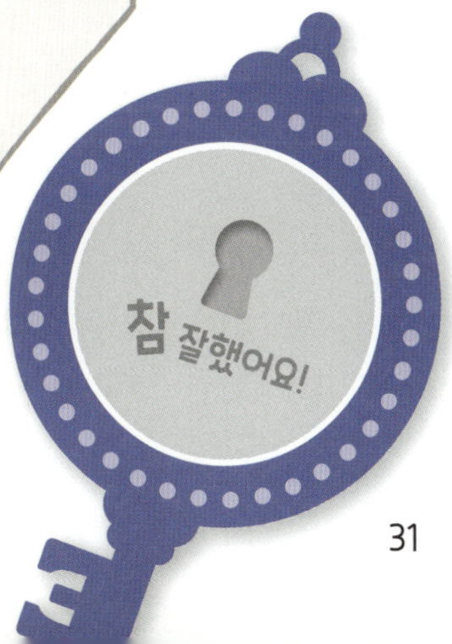

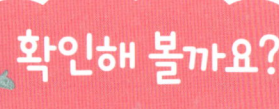

확인해 볼까요?

 자신 있어요   아직 좀 어려워요

쪽	평가 항목	결과 (○ 하기)
2, 3	1~10까지의 수를 셀 수 있고, 숫자로 나타낼 수 있어요.	/
4, 5	1~10까지의 순서수를 '몇째'로 나타낼 수 있고, '몇째'에 해당하는 그림을 찾을 수 있어요.	/
6, 7	11~20까지의 수를 셀 수 있고, 숫자로 나타낼 수 있어요.	/
8, 9	11~20까지의 순서수를 '몇째'로 나타낼 수 있고, '몇째'에 해당하는 그림을 찾을 수 있어요.	/
10, 11	10개씩 묶음의 수를 세어 '몇십'인지 알고, 숫자로 나타내고 읽을 수 있어요.	/
12, 13	10개씩 묶음의 수와 낱개의 수를 세어 '몇십몇'인지 알고, 숫자로 나타내고 읽을 수 있어요.	/
14, 15	그림의 수를 세어 '몇십몇'인지 숫자로 나타낼 수 있어요.	/
16, 17	100까지의 수를 순서대로 쓸 수 있어요.	/
18, 19	수의 순서에 맞게 빈 곳에 알맞은 수를 쓸 수 있어요. 주어진 수들을 순서에 맞게 나열할 수 있어요.	/
20, 21	'몇십몇'보다 1 큰 수, 1 작은 수를 구할 수 있어요.	/
22, 23	10개씩 묶음 또는 낱개의 수를 보고 두 수의 크기를 비교하여 >, <를 써서 나타낼 수 있어요.	/
24, 25	여러 수 중 가장 큰 수, 가장 작은 수를 찾을 수 있고, 수의 크기에 따라 순서대로 쓸 수 있어요.	/
26, 27	2씩 커지는 수를, 2씩 뛰어서 세는 방법으로 쉽게 알 수 있어요.	/
28, 29	5씩 커지는 수를, 5씩 뛰어서 세는 방법으로 쉽게 알 수 있어요.	/
30, 31	10씩 커지는 수를, 10씩 뛰어서 세는 방법으로 쉽게 알 수 있어요.	/